CREDO
DE JOINVILLE

Tiré à 500 exemplaires, dont 200 seulement destinés au commerce.

Paris. — Typographie de Ambroise Firmin Didot, rue Jacob, 56.

CREDO

DE JOINVILLE

FAC-SIMILÉ D'UN MANUSCRIT UNIQUE

PRÉCÉDÉ

D'UNE DISSERTATION

PAR

AMBROISE FIRMIN DIDOT

ET SUIVI D'UNE TRADUCTION EN FRANÇAIS MODERNE

PAR

LE CHEVALIER ARTAUD DE MONTOR

(SECONDE PARTIE DES ÉTUDES SUR JOINVILLE)

PARIS

TYPOGRAPHIE DE AMBROISE FIRMIN DIDOT

RUE JACOB, 56

1870

CREDO

DE JOINVILLE.

Parmi les manuscrits de notre Bibliothèque impériale, M. Paulin Paris a signalé celui qui, sous les numéros 1445-7857, anc. fonds franç., contient une profession de foi, ou *Credo*, accompagné de réflexions en forme de commentaires.

M. le chevalier Artaud de Montor (1), qui le premier nous a donné un *fac-simile* de ce précieux manuscrit, dit que l'usage de composer de semblables *Credo* était fréquent au moyen âge, et il en cite plusieurs exemples. Grégoire de Tours, qui écrivait au sixième siècle, nous en a laissé un où il expose ainsi sa croyance :

« Je crois en Dieu, le père tout-puissant ; je crois en Jésus-Christ. »

(1) *Mélanges publiés par la Société des Bibliophiles français. — Credo de Joinville.* Paris, Firmin Didot, 1837, in-4° de x pages (dissertation), 26 pages (traduction) et 14 feuillets de *fac-simile.* Imprimé seulement à *vingt-cinq* exemplaires numérotés.

Dante en a rédigé aussi un en vers :

Io scrissi d'amor più volte rime
  Quanto..................
Da questo falso amor omai la mano
  A scriver più di lui io vo ritrare,
  E ragionar di *Dio*, come Cristiano.
Io *Credo* in *Dio* padre, che può fare
  Tutte le cose, e da cui tutti i beni
  Procedon sempre di bel operare (1);
Della cui grazia terra e ciel son pieni,
  E da lui furon fatti di niente
  Perfetti, buoni, lucidi e sereni.
  ....
  In Cristo..............
  .... unico figliuol di Dio, nato
  Eternalmente, e Dio di Dio uscìo.

« Pétrarque, vers l'an 1369, composait sa XLIXe *canzone* adressée à la Vierge Marie. « C'est encore une sorte de *Credo*, dit M. Artaud de Montor, où sont développés les principaux points de notre croyance.

« Il existe une foule de professions de foi semblables dans les ouvrages du quatorzième siècle et des siècles suivants. »

MM. Paulin Paris et Artaud ont attribué ce *Credo* à Joinville, et il y a tout lieu de croire que c'est avec raison. Le manuscrit, à en juger par la forme de l'écriture et par le caractère des miniatures dont il est orné, date évidemment de l'époque où vivait Joinville, et, d'ailleurs, la langue de l'auteur et l'orthographe sont plus anciennes que le manuscrit des *Mémoires de Joinville* (nº 2016) que possède notre Bibliothèque impériale, et qu'on s'accorde à regarder comme

(1) Ce passage de Dante rappelle la réponse que Joinville fit à saint Louis, lui demandant la définition de Dieu : « Sire, ce est si bonne chose que meilleur ne peut estre. »

postérieur d'un demi-siècle à l'original. La preuve enfin qu'il appartient à l'époque que nous signalons, c'est le *fac-simile* lui-même qu'en donne M. le chevalier Artaud, document précieux, et qui, revu avec le plus grand soin par M. Paulin Paris, reproduit le manuscrit original avec une rigoureuse exactitude.

La date de l'année et le lieu où fut écrit ce *Credo* s'y trouvent ainsi indiqués :

« ....Or y a mil deux cent quatre-vingt-sept ans..... » (Page 16, dernière ligne.)

« Je fis d'abord faire cet œuvre à Acre après que les frères du roi en furent partis, et avant que le roi allât fortifier la ville de Césarée en Palestine. » (Page 2, lign. 17 et 18.)

Joinville, en effet, rapporte dans ses Mémoires, que lorsque le comte de Poitiers et le comte d'Anjou, frères du roi, furent partis d'Acre, saint Louis se rendit à Césarée, dont il répara les fortifications, et Joinville ajoute que lui-même accompagnait le roi dans cette expédition (1).

L'auteur de ce *Credo*, à en juger par certaines locutions, doit avoir été un laïque et même un militaire.

Le motif qui le lui a fait écrire, c'est, dit-il, que :

« Comme nus (nul) ne pooit estre saus (sauvé) se il ne savoit son *Crèdo*. Et je pour esmovoir les gens à croire ce de quoi il ne se pooient soffrir fis-je premiers faire cest œuvre. » (Page 2, ligne 15 et 16.)

Le récit que Joinville fait dans ses Mémoires d'un des épi-

(1) Le départ des frères du roi est à la date de 1251. La première rédaction du *Credo* est donc antérieure de cinquante-huit ans à l'époque où Joinville nous dit qu'il écrivit ses Mémoires, en octobre 1309.

sodes les plus dramatiques de la retraite des croisés après la bataille de Mansourah, lorsque sa vie et celle des prisonniers chrétiens furent en si grand péril, se retrouve également dans le *Credo* où l'auteur dit avoir assisté en personne à cette terrible scène : il était donc un de ces prisonniers.

Et comment douter que ce soit Joinville lui-même, lorsque dans plusieurs endroits du *Credo* les mêmes preuves de son intime familiarité avec le roi se retrouvent, et que de plus les raisons pour faire ce *Credo* et pour exhorter ses compagnons à y croire sont précisément celles dont se servait le roi pour convaincre Joinville des vérités de la religion.

En effet, dans ses Mémoires, Joinville nous dit :

« Le saint roy se efforça de tout son pooir, par ses paroles, de « moy faire croire fermement en la loy chrestienne que Dieu nous a « donnée, aussi que vous orrez ci-après. » (Page 13.)

Et l'auteur du *Credo* s'exprime ainsi :

« Je le fis (ce *Credo*) pour engager les gens à croire ce dont ils ne se pouvaient souffrir (ils ne pouvaient être privés). » (Page 2, ligne 16 et 17.)

Et pour mieux fixer l'attention et mieux graver les maximes religieuses de son *Credo* dans les esprits, il voulut l'illustrer de miniatures représentant les choses mêmes dont il parle : « Et alors sera bien convenable *le livre* en français (li romans) où sont *imagiés* (historiés) les points de notre foi jusqu'au moment de notre mort. Et pour que l'ennemi (Satan) n'apparaisse en mauvaises visions, faisons lire devant le malade le livre français qui raconte et enseigne les points de notre foi, afin que par les yeux et les oreilles le cœur du malade soit si plein de la vraie connaissance, que l'ennemi, ni là ni ailleurs, ne puisse rien mettre au malade du sien, duquel Dieu nous garde en cette journée de la mort et ailleurs (1)? »

N'est-il pas naturel même que Joinville, dont l'esprit était un peu *ondoyant* et assez *ergoteur* sur plusieurs points de la religion, ait rédigé ce *Credo* à la demande de saint Louis, afin de rendre à d'autres le service que lui avait rendu ce roi dans ses pieux entretiens pour fortifier sa foi? Quand on lit (2) dans le *Credo* ces paroles :

« Le roi Louis (que Dieu absolve!) me répéta cette haute parole, »

on doit croire que ce sont les expressions mêmes de saint Louis que Joinville nous a transmises. Elles nous font encore mieux connaître la manière de raisonner du roi sur divers points de la religion.

Autre ressemblance singulière avec les Mémoires de Joinville et qui s'offre dès le commencement du *Credo* :

« Or disons donc que foiz est une vertuz qui fait croire ferme-
« ment ce que hons ne voit ne ne set, mais que pour oir dire ensi
« que nous creons nos peres et nos meres de ce que il dient que
« nous sumes lor fil et si n'avons autre certaineté, et donc devons
« nous croire plus fermement que nule autre chose terriene les
« poins et les articles li quel nous sont tesmoigné et enseingnié
« de la bouche del Tout-Poissant par tous les sainz dou Vieil Testa-
« ment et dou Novel. » (Page 1, ligne 8.)

(1) Dernière page du *Credo*.
(2) Page 1, l. 15, et page 2, l. 1 et l. 4.

Voici dans les Mémoires de Joinville, le passage où se trouve le même raisonnement :

« Le saint roy se esforça de tout son pooir (pouvoir), par ses pa-
« roles, de moy faire croire fermement en la loi chrestienne que
« Dieu nous a donnée, aussi (ainsi) comme vous orrez ci-après... Il
« disoit que foy et creance estoit une chose où nous devions bien
« croire fermement, encore n'en fussiens-nous certeins mez que par
« oïr dire. Sus ce point, il me fist une demande : comment mon père
« avoit non (*nom*) et je li diz que il avoit non *Symon*. Et il me dit
« comment je le savoie ; et je li diz que je en cuidoie estre certein et
« le creoie fermement pour ce que ma mère l'avoit tesmoingné. » Donc
« devez-vous croire fermement touz les articles de la foy, lesquiex
« les apostres tesmoingnent, aussi comme vous oez chanter au dy-
« manche en la *Credo*. » (Mém. de Joinville, p. 13.)

Au troisième alinéa de la première page du *Credo* se trouve cet autre passage :

« De croire ce que l'an ne voit, me dist li rois Loys (que Diex
« assoille!) une haute parole que li cuens de Montfort, cil qui fu
« pères ma dame de Neele, avoit dite as Briois (aux Albigeois). Cil
« dou pais vindrent à lui et li distrent que il venist veoir le cors
« Nostre Seigneur qui estoit venuz en char et en sanc; et il lor dist :
« Alez le veoir qui ne le creez, car endroit de moi le croi-je bien
« desouz le pain et dessouz le vin, ausinc come sainte Eglise le m'en-
« seigne. Et il li demanderent que il i perdroit se il le venoit veoir,
« et il lor dit que se il le veoit face à face et il le creoit, point de guer-
« redon n'en auroit; et dist que se il creoit ce que Diex et li sainz
« li enseignoient, que il atendoit plus grant guerredon et plus
« grant corone ou ciel, que de toutes autres bones euvres que il
« porroit faire en ceste mortel vie. »

On lit de même dans les Mémoires de Joinville, p. 15, l. 14 et suivantes :

« Li saint roy me conta que pluseurs gent des Aubigois vindrent « au conte de Montfort, qui lors gardoit la terre des Aubijois pour « le roy, et li distrent que il venist veoir le cors Notre Seigneur qui « estoit devenuz en sanc et en char entre les mains au prestre ; et il « leur dist : « Alez le veoir, vous qui ne le creez ; car je le croi fer- « mement, aussi comme sainte Esglise nous raconte le sacrement de « l'autel. Et savez-vous ce que je y gaignerai, fist le conte, de ce que « je le croy en ceste mortel vie, aussi comme sainte Esglise le nous « enseigne? Je en aurai une corone ès ciex plus que les angres qui « le veoient face à face ; par quoi il couvient que il le croient. »

Parmi les instructions religieuses que saint Louis donnait à Joinville et qui sont rapportées par le confesseur de la reine Marguerite, auteur de la *Vie de saint Louis,* il en est une qui s'accorde parfaitement avec ce qui est dit et dans les Mémoires de Joinville et dans le *Credo.* L'analogie entre ces trois documents est d'autant plus frappante, que le manuscrit de cette vie de saint Louis que nous possédons remonte très-certainement par son antiquité à l'époque où son auteur l'écrivait.

Voici les paroles que l'auteur du *Credo*, à la page 1 et 2, met dans la bouche du roi :

« Or veons donc que deus choses sont que nous covient à nous « sauver, ce est à savoir bones euvres faire et fermement croire. En « bones euvres faire m'aprist li roi Loys que je ne feisse ne ne deisse « chose se tout li mondes le savoit, que je ne l'osasse bien faire et « dire ; et me dist que ce soffisoit à l'onor dou cors et au sauvement de « l'arme (l'âme). »

Voici ce même passage, tel que le rapporte le confesseur de la reine Marguerite :

« Et aucunes foiz avec celi benoiez rois dist audit chevalier (Joinville) « ces paroles : Voudriez-vos avoir enseignement tel, par quoi vos eus- « siez enneur en cest monde et pleussiez as hommes, et eussiez la grace « de Dieu et si eussiez gloire en tens avenir ? Et li chevalier respondi « que il vodroit bien avoir tel enseignement ? et lors li dist il benoiez « rois : Ne fetes chose ne dites que, se tout li mondes savoit ce, non « pourquant vos ne le leriez mie fère. » (*Vie de saint Louis*, p. 335, éd. de Capperonnier, in-fol.; Imp. royale, 1761.)

Ce même passage est ainsi rapporté dans les Mémoires de Joinville, p. 6, l. 22 :

« Il (le roi Louis) me demanda se je vouloie estre honorez en ce « siècle et avoir paradis à la mort, et je li diz : « Oyl. » Et il me dist : « Donques vous gardez que vous ne faites ne ne dites à votre escient « nulle riens que se tout le monde le savoit que vous ne peussiez « congnoistre, je ai ce fait, je ai ce dit. »

Dans les Mémoires de Joinville, se retrouve cet autre passage du *Credo*, page 2.

« ... de croire fermement, me dist li rois, que li enemis (le diable) « s'efforce tant comme il puet à nous giter de ferme creance ; et « me enseingna que quant li enemis m'envoieroit aucune temptacion « dou sacrement de l'autel ou d'aucun autre point de la foi, que « je deisse : Enemis, ne te vaut ; que jà, à l'aide de Dieu, de la foi « crestiene tu ne me osteras, nès se tu me feisses touz les membres « tranchier. »

« Et me dist li rois que ce estoit la ferme creance, laquel creance

« Diex a envoiée de son non (nom) ; car de Crist somes apelé crestien ;
« laquele Diex a fait profetisier et tesmoignier as creans et as mes-
« creanz, ce que onques autre loi ne fu : ensi come il dit en un livre :
« Au sainz, as saiges, aus rois, fist Diex porter son tesmoing, as gens
« de diverses lois, que nus n'en puet douteir. »

En effet, on lit à la page 13, l. 10 et suivantes, des Mémoires de Joinville :

« Et disoit que l'ennemi est si soutilz que, quant les gens se meu-
« rent, il se travaille tant comme il peut que il les puisse faire morir
« en aucune doutance des poins de la foy ; car il voit que les bones
« œuvres que l'omme a faites ne li peut-il tollir, et veoit que il l'a
« perdu, se il meurt en vraie foy ; et pour ce se doit-on garder, et en
« tel manière deffendre de cest agait (embûche), que en die à l'ennemi,
« quand il envoie tele temptacion : Va-t'en ; doit-on dire à l'ennemi :
« Tu ne me tempteras jà à ce que je ne croie fermement touz les arti-
« cles de la foy ; mès, se tu me fesoies touz les membres tranchier, si
« weil-je vivre et morir en cesti point. Et qui ainsi le fait, il vaint l'en-
« nemi de son baston et de ses espées dont l'ennemi le vouloit
« occirre. »

Mais voici la preuve la plus grande de l'authenticité de ce *Credo*.

Dans le commentaire dont il accompagne son texte, l'auteur, arrivé au passage du *Credo* qui concerne la résurrection, nous fait le récit du grand péril auquel lui et les autres prisonniers échappèrent par la grâce de Dieu. Or ce récit, si l'on en excepte quelques différences, est exactement le même que nous retrace Joinville dans ses Mémoires. Les deux ouvrages sont donc de lui et on en sera convaincu si l'on remarque que la miniature qui, dans le manuscrit du *Credo*, accompagne le récit offre l'image même de Joinville parmi les prisonniers désarmés et menacés de mort par les Sarrasins.

L'usage ingénieux d'expliquer le texte des manuscrits par des représentations figurées ne remontant guère en Europe qu'à l'époque des croisades, donne lieu de croire que Joinville fut l'un des premiers qui l'introduisit en France. En voyant le luxe des beaux manuscrits byzantins dont quelques-uns se conservent encore dans les monastères du mont Athos, on conçoit l'étonnement dont les croisés durent être frappés à la vue d'un luxe auquel ils n'étaient pas accoutumés, et qui faisait resplendir d'or, de pourpre et d'azur ces splendides volumes. Joinville surtout en dut être émerveillé, lui qui, élevé à la cour du comte de Champagne, n'était pas étranger au sentiment des arts, comme le prouve le soin qu'il prit d'orner *ses chapelles et verrières de Blécourt* de beaux vitraux, où il faisait représenter soit des sujets pieux, soit des faits historiques relatifs aux croisades (1). Aussi voit-on avec plaisir, à une époque où l'amour des beaux-arts était si rare parmi toute cette noblesse, qui ne semblait vivre que pour la guerre, Joinville comparer à l'éclat des miniatures où *l'or et l'azur enluminaient les manuscrits, la splendeur dont saint Louis fit briller son royaume* (2).

(1) Avant même son départ pour la Terre sainte, Joinville avait décoré l'église de Blécourt d'autres vitraux où était peinte l'histoire de la sainte Vierge. On en voit encore des restes dans le presbytère, dit Baugier dans ses *Mémoires historiques de la province de Champagne*, Châlons, 1721, t. Ier, p. 342.

(2) Cette comparaison, juste en elle-même sous le rapport matériel, n'est pas moins juste sous le rapport moral. En effet, c'est avec un dévouement et un enthousiasme égal à celui dont saint Louis était animé pour *garder si saintement et loyalement son royaume et l'orner de tant de beaux establissements*, que les religieux séculiers ou laïques se dévouaient à la pénible fonction de scribes pour reproduire les Saintes Écritures, dont ils

Malheureusement nous avons perdu ces précieux vitraux; mais, du moins, dans le manuscrit du *Credo* se retrouve la plus importante de toutes les peintures, celle qui nous représente Joinville(1) dans la circonstance la plus périlleuse. Elle est placée au-dessous de ces paroles :

Et au troisième jour ressuscita des morts.

Quant au récit qui l'accompagne, il est plus complet et plus détaillé que celui que Joinville nous a donné dans ses Mémoires; il en diffère même sur plusieurs points. Sous le rapport historique et littéraire, nous ne possédons rien de plus remarquable.

faisaient des chefs-d'œuvre de patience et d'art. Aussi, quand ils les pouvaient achever, c'était par des actions de grâces qu'ils remerciaient Dieu d'avoir prolongé leur carrière jusqu'à la terminaison de l'œuvre à laquelle ils avaient dévoué leur vie. Voici celle que je lis à la fin d'une Bible écrite tout entière en caractères microscopiques, dont la perfection surpasse les plus beaux produits de l'art typographique et dont les miniatures justifient l'admiration de Joinville : *Benedictus Dominus Deus qui scribendo Arnulphum de Campaing usque huc perduxit. Amen !* Il fallait, en effet, un dévouement presque surhumain pour oser entreprendre un tel labeur.

(1) L'artiste qui peignit cette miniature est peut-être ce même clerc que Joinville avait emmené avec lui à la croisade et qui fit à Saint-Jean d'Acre, en 1251, la première rédaction du *Credo* (*a*). On peut aussi lui attribuer le dessin des vitraux qui dans les diverses chapelles de Joinville représentaient les faits relatifs aux croisades. On sait combien à cette époque le style des peintures des vitraux et celui des manuscrits est semblable.

(*a*) Celle que nous possédons doit être postérieure et écrite vers 1287. Elle est en tout cas antérieure à la canonisation de saint Louis, qui eut lieu en 1297, puisque dès le commencement, saint Louis n'y est appelé que le *Roi Louis que Diex assoille !* tandis que dans tout le cours de son histoire écrite postérieurement à cette date, il est désigné sous le nom de li saint roy, li sainct homme.

Voici ce récit tel qu'il est inséré dans le *Credo*, p. 13 :

..... « De la resurrection vous dirai-je que je en oi en la prison lour « diemenche après ce que nous fumes pris et ot on mis en un « paveillon les riches homes et les chevaliers portanz banière pa- « reus (également). Nous oïmes un grand cri de gent; nous de- « mandames ce que estoit et on nous dist que ce estoient nostre « gent que om metoist en un grant parc tout clos de mur de terre. « Ceus qui ne se voloient renoier l'an les ocioit; ceus qui se re- « nioient on les laissoit. En icelle grant paour de mort où nous estiens, « vindrent à nous jusques à treize ou quatorze dou consoil dou soudan, « trop richement appareillié de dras d'or et de soie, et nous firent « demander, par un frère de l'Ospital qui savoit sarrazinois, de par « le soudan, se nous vorriens estre delivré, et nous deimes que oil « (oui), et ce pooient-il bien savoir; et nous distrent se nous don- « riens nus des chastiaus dou Temple ne de l'Ospital pour nostre « delivrance; et li bon cuens Pierres de Bretaigne lour respondi que « ce ne pooit estre, pour ce que li chastelain juroient seur (sur) sainz, « quant om les i metoit, que pour delivrance de cors d'ome ne les ren- « deroient. Et ils nous demandèrent après se nous lor donriens nus « des chastiaux que baron tenoient ou reaume de Iherusalem, pour « nostre délivrance; et li cuens de Bretaingne dist que nanil (nenni), « que li chatel ne estoient pas dou fié dou roy de France.

« Quant il oirent ce, il nous dirent que puisque nous ne voliens « faire ne l'un ne l'autre, il s'an iroient et nous amenroient ceux qui « jueroient à nous des espées; et li cuens de Bretaigne lor dist que « legiere chose estoit de occirre celui que on tient en sa prison (1).

« Quant il s'en furent alé, une grant foison de jeunes gens sarra- « sinz entrerent ou clos là où le nous tenoit pris, les espées traites, « desquiex je cuidai vraiement qu'il venissent por nous occirre, mais « non faisoient; ançois nous anvoia Diex nostre confort entre aus ;

(1) Cette noble réponse du comte Pierre de Bretagne ne se trouve pas dans le récit fait par Joinville dans ses Mémoires. (Voy. p. 101.)

« car il amenerent un petit homme si viel par samblant comme home
« poist estre ; et le tenoient par samblant, celle jeune gent, pour fol.
« Et distrent au conte de Bretaigne qui le feissent oïr ce que c'estoit
« uns des plus prodome de lor loi. Et lors s'apoia li viex petit hom
« sor sa croce et atout sa barbe et ses traces chenues ; et dist au conte
« que il avoit entendu que li chrestien creoient un Dieu qui avoit esté
« pris pour aus, batus pour aus, mort pour aus, et au tierz jour
« estoit resuscitez. Et tout ce li otroia li cuens, et lors redit li viex
« hom : « Que donc ne vous devez-vous mie plaindre se vous avez
« esté pris por li, batus por li, navrés por li, car ausi avoit il esté
« pour vous. » Ne ancore n'avez pas la mort sofferte pour li ausi
« come il avoit fait pour vous. Et après nous dist que « si vostre Diex
« avoit il bien pooir de lui resusciter, et donc vous avoit il bien
« pooir de delivrer quand li plairoit. » Et vraiement encore croi-je
« que Diex le nous anvoia, car il tarda molt pou après ce qu'il s'en
« fu alés, que li consaus le soudan revint, qui nous dist que nous en-
« voissïens quatre de nous parler au roi, liquiex nous avoit par la
« grace que Diex lui avoit donnée, touz seus (tout seul) pourchasié
« nostre delivrance. Et sachiez que voirs estoit ; car ausi sagement
« l'avoit pourchacié li rois par la grace Dieu, com se il eust tout le
« conseil de la crestienté avec lui (1). »

C'est à l'endroit le plus dramatique de ce récit et, au-dessus de ces mots : *Les espées traites desquiex je cuidai qu'il venissent por nous occirre,* qu'est placée la miniature qu'on pourra voir plus loin au verso du septième feuillet du *fac-simile.*

De toutes les miniatures représentant des sujets relatifs au texte du *Credo* (elles sont au nombre de quinze petites et dix-sept grandes), celle-ci est la seule qui soit historique et qui nous offre une scène des croisades. Toutes les autres sont

(1) Voyez, pour la comparaison de ce récit avec celui que Joinville fait dans ses Mémoires, les pages 101 et 102.

bibliques et relatives à des sujets de l'Ancien et du Nouveau Testament.

On voit, en effet, dans cette miniature, d'un côté, les guerriers sarrasins ayant tous l'épée hors du fourreau, précédés par un petit vieillard appuyé sur ses béquilles et par l'un des Sarrasins, qui interpelle les prisonniers chrétiens; de l'autre côté, on remarque parmi les prisonniers chrétiens désarmés deux personnages placés au premier rang. Le plus avancé est le comte de Bretagne, qui répond au guerrier sarrasin, et le second (*le seul* des chevaliers chrétiens qui soit coiffé d'un capuchon ou chaperon) ne peut être autre que Joinville, qui, par un *singulier hasard*, a la tête couverte d'un capuchon ou chaperon, et c'est aussi d'un chaperon pareil qu'est couverte la tête du chevalier représenté sur la première feuille du manuscrit n° 2016, dont j'ai donné la reproduction très-exacte en tête de l'édition des *Mémoires* de Joinville, faite par M. Francisque Michel ; or, ce chevalier auteur du livre qu'il offre à Louis le Hutin est évidemment Joinville : ce dont on ne saurait douter à la vue des *broies* qui recouvrent son manteau, et qui sont les armoiries de Joinville.

Ce chaperon faisait donc partie de son costume ordinaire. En effet, le procès-verbal dressé lors de l'ouverture du caveau contenant les restes du sire de Joinville dit qu'il était représenté sur son tombeau « *couché, les mains jointes, et semblait revêtu d'un capuce de bénédictin*, etc. »

Enfin la certitude devient complète lorsqu'on lit dans les Mémoires, un peu avant le passage emprunté au *Credo*, que l'émir chez lequel on le conduisit quand il fut fait prisonnier lui permit de se revêtir d'une couverture que lui avait donnée madame sa mère, et d'un *chaperon* que quelqu'un alla lui chercher (1). Or, parmi les chrétiens prisonniers que représente la miniature, un seul est revêtu de ce chaperon : il est donc impossible de ne pas reconnaître à ce signe l'intention qu'eut Joinville de se faire distinguer au milieu des prisonniers par tous ceux qui liraient le *Credo* (2).

Dans le manuscrit, chaque mot du *Credo* est écrit en rouge et les commentaires sont écrits en noir, conformément à l'instruction qu'il en avait donnée au rubricateur :

« Vous qui regardez cest livre troverez le *Credo* en letres vermeilles, et les prophéties par euvres et par paroles en letres noires. »

Conformément à cette prescription, les premières paroles du *Credo* :

« Je croi en Dieu le pere tout poissant, le creator dou ciel et de la terre.

sont écrites en *lettres vermeilles*.

Le commentaire qui les explique est accompagné d'une grande miniature représentant Dieu le Père assis sur son trône, tenant le globe du monde en main ; il accueille les bonnes âmes qui s'avancent vers lui, et précipite les mauvaises, qui tombent du ciel la tête en bas.

(1) Voyez la page 98 de notre édition.

(2) Telle est aussi l'opinion de M. Paulin Paris ; et il a bien voulu me la confirmer dans une lettre.

Voici le commencement du commentaire, écrit en lettres noires :

« Sa grant poissance poez veoir en la creation dou monde que vous « veez ci-après pointe, car il n'est nus qui poist faire la plus petite « de toutes ces creatures; creerres en cil qui fait de noient aucune « chose, etc. »

La suite du *Credo* est accompagnée d'un grand nombre de miniatures de diverses grandeurs. Au-dessous de ces mots du *Credo*, écrits en rouge : *et fu encevelis*, on voit représenté Jonas à moitié avalé par un gros poisson : et le commentaire ajoute :

« La profesie de l'euvre de ce qu'il fut mis ou sepulchre, si est de « Ionas que vous veez ci point, qui fu mis ou ventre de la balaine; « car autretant come Jonas fu ou ventre de la balaine, tant fu li filz « Dieu ou sépulchre. »

Ailleurs, deux miniatures représentent, l'une les cinq vierges sages qui s'avancent joyeuses tenant une lampe de la main droite, et une coupe dans la main gauche.

L'autre miniature nous montre les cinq vierges folles dont le visage et l'attitude annoncent la tristesse; elles n'ont point de lampe et tiennent leur coupe renversée.

Enfin, au-dessous de ces mots par lesquels le *Credo* se termine : *et la vie pardurable. Amen*, on lit ces paroles :

« Nous devons croire fermement que li saint et les saintes qui « trespassé sont, et li prodome et les prodefames qui ores vivent « auront vie et joie pardurable ès cieux la sus amont et seront à la

« table Nostre Seignor, laquele joie vous verrez point ci après un « petit (un peu), selonc ce que « l'Apocalypse le devise. »

Ce manuscrit si précieux, soustrait frauduleusement à notre Bibliothèque impériale, il y a plus de vingt ans, a été vendu en 1849 dans la collection Barrois à lord Ashburnham. Espérons qu'il sera un jour restitué à la France.

C'était à l'époque où l'on ignorait son existence dans une célèbre Bibliothèque hors de France, que j'ai cru devoir faire reproduire en fac-simile, avec une exactitude rigoureuse par le procédé de M. Pilinski, la copie imprimée en très-petit nombre pour les Bibliophiles françois, par les soins de M. le chevalier Artaud de Montor, secondé par M. Paulin Paris. Je le destinais pour accompagner une grande édition de Joinville, que je préparais alors. Ce projet ayant été ajourné, je crois être agréable à quelques lecteurs et admirateurs de Joinville, en l'ajoutant à cette édition à part d'une de mes dissertations sur Joinville que j'ai publiées en 1858. J'y joins la traduction qu'en a donnée, pour la première fois, M. Artaud de Montor (1).

AMBROISE FIRMIN DIDOT.

(1) Voici ce que le traducteur a dit à ce sujet : « A l'égard de mon système de traduction, j'ai *translaté* dans notre langage d'aujourd'hui ce qui était presque inintelligible, mais tant que je l'ai pu, j'ai respecté les tournures primitives, et surtout les expressions *primesautières* qui pouvaient conserver à l'ouvrage sa teinte d'originalité naïve. » M. Natalis de Wailly a donné aussi le texte du *Credo* de Joinville, avec une excellente traduction en français moderne, dans son édition des *Œuvres de Joinville* (Paris, 1867, gr. in-8°).

CREDO

DE JOINVILLE

REPRODUCTION EN FAC-SIMILÉ D'UN MANUSCRIT UNIQUE

PAR LE PROCÉDÉ

DE M. PILINSKI

u non ⁊ en lenor dou pere ⁊ dou filz ⁊ dou saint espir· un
dieu tout poissant poez veoir ci apres pouit ⁊ escrit les arti-
cles de nr̄e foi· p̄ lettres ⁊ p̄ ymages selonc ce que on puet poi-
dre selont lumanite ihū crist ⁊ selont la nostre Car la deite
⁊ la trinite ⁊ le saint espir ne puet poindre main dome car ce est sigrant
chose si c̄ saint poul ⁊ li autre saint le tesmoignent q̄ iex ne puent veoir
ne oreille oir· ne lengue raconter p̄ les pechiez ⁊ les ordures don nous su-
mes plain ⁊ chargie en ceste mortel vie qui nous tolent avoir la clarte so-

Or disons donc q̄ forz est une vertuz q̄ fait croire ferment | ueraine
ce q̄ hons ne voit ne ne set mais q̄ p̄ oir dire ensi c̄ nous creons nos
peres ⁊ nos meres de ce q̄ il dient q̄ nous sumes lor fil ⁊ si n avons autre
certainete ⁊ donc devons nous croire plus ferment q̄ nule autre chose
terriene les poinz ⁊ les articles li quel nous sont tesmoigne ⁊ enseig-ne
de la bouche del tout poissant p̄ touz les sainz dou viel testament ⁊ dou no

Ce croire ce q̄ lan ne voit me dist li rois loys q̄ diex assoille uel
une haute parole q̄ li cuens de mont fort ci qui fu peres ma dame de
ueele avoit dite as barons cil dou pais vindrent a lui ⁊ li distrent q̄ venist
veoir le cors nr̄e seign̄ qui estoit venuz en char ⁊ en sanc ⁊ il lor dist alez
le veoir qui ne le creez car en droit de moi le croi ie bien desouz le pain ⁊ de-
souz le vin ausinc come sainte eglise le m enseigne ⁊ il li demanderent
q̄ il i p̄droit se il le venoit veoir ⁊ il lor dit q̄ se il le veoit face a face ⁊ il le
creoit point de guerredon nen auroit ⁊ dist q̄ se il creoit ce q̄ diex ⁊ li saiz
li enseignoient q̄ il atendoit plus grant guerredon ⁊ plus grant corone ou
ciel q̄ de toutes autres bones oeures q̄ il porroit faire en ceste mortel vie·

Or veons donc q̄ deus choses sont q̄ nous couient a nous sauuer
ce est a savoir bones euures faire ⁊ ferm ement croire en bones

euvres faire m'aprist li roi Loys que je ne feisse ne ne deisse chose se tout li mondes le savoir que je ne losasse bien faire et dire et me dist que ce sossivoit a loner dou cors et au sauvement de l'ame.

De croire fermement me dist li rois que li enemis s'esforce tant comme il puet a nous giter de ferme creance et me enseingna que quant li enemis m'avostoit aucune temptacion dou sacrement de l'autel ou d'aucun autre point de la foi que je deisse enemis ne te vaut que ja a l'aide de dieu de la foi crestiene tu ne me osteras nes se tu me feisses touz les membres tranchier. et me dist li rois que ce estoit la ferme creance laquel creance diex a envoiee de son non car de cest somes apele crestien laquele diex a fait profetisier et tesmoignier a ses amis et as mescreanz ce que onques autre loi ne fu ensi come il dit en I livre au sainz as saiges au roi fist diex porter son tesmoing as genz de diverses lois que nus n'en puet douter. Vous qui regardez cest livre trouverez le credo en letres vermeilles et les propheties par euvres et par paroles en letres noires.

Frere Henri li tyois qui mout fu grant clers dist que nus ne poroit estre saus se il ne savoit son credo. Et je por esmouvoir les gens a croire ce de quoi il ne se pooent soffrir fis je premiers faire cest euvre en acre apres ce que li frere le roi en furent venuz et devant ce que li rois alast fermer la cite de Cesaire en Palestine et ces premieres letres dient. Je croi en dieu le pere tout puissant le creator dou ciel et de la terre

Sa grant puissance poez veoir en la creation dou monde que vous verrez ci apres pointe car il n'est nus qui poist faire la plus petite de toutes ces creatures creees fors cil qui fait de noient aucune chose il n'est nus qui ce puisse faire fors que cil seulement qui fist le ciel et la terre le soloil et la lune et quant qu'il a et haut et bas. Sa grant puissance poons veoir par les anges que ci apres sont point. que trabucha tou ciel en enfer et de si biaus et de si glorieus comme il estoient les fist il si lait et si hideus.

Des prophecies na il nules sor ceste premiere page por ce quele touche de lencomencement dou monde que cil fist qui est comencement & qui durra sanz fin

Et en ihesu crist son fil nostre seignor.

En la seconde page dou credo ci apres si sont les prophecies de lauenement dou fil dieu ce est a sauoir que troi ange vindrent herbegier chies abraham enmi des quex queunt abraham par la volente dieu le fil dieu & por ce quil sout que ce estoit alque le deuoit rachater des poines denfer il laora.

Moyses le vit & le quenut ausinc ou boisson qui sembloit q̃ ardist & si nardoit nue & en ce fu senefie la virginite dou cors la benoite virge marie la ou il descendi p̃ nous sauuer. & ces deus sont les p̄phecies de leuure & de la toison ausi la ou la rosee dou ciel descendoit p merueilleuse meniere p la volente dieu

La prophetie de la parole si est Qui est conceuz dou saint espert. de ysaie le prophete . que vous veez point ci apres qui prophetiza q̃ la virge conceuuoit.

Nee de la virge marie.

La prophetie daniel le profete qui desus est point sor la natiuite dist

as uuies q̃ quãt li saint des sainz venroit lor onction faudroit ⁊ ce fu veritez
q̃ quãt diex vint en terre il n'avoient ne roi ne avesq̃ en oint. ⁊ n'avoient
roi mesq̃ l'empereor de rome q̃ paiens estoit ⁊ nõ pas de lor loi ne de lor crean
ce. Nul evesq̃ il n'avoient en oint ainçois achetoient les eveschies cil q̃ les
voloient avoir par annees.

Et q̃l soffri il biau sire. Qui soufri desouz ponce pylate. —
Il soffri estre venduz. batuz ⁊ fustez ⁊ li fist on porter sa croiz ⁊ m̃lt dau
tres viltez ⁊ vilenies li fist on avant q̃l fust crucefiez les q̃r il soffri debonairemẽt
p̃ l'amor de nous ⁊ p̃ nous delivrer des mains de l'enemi.

La profecie de leure de ce fait fu de ioseph lou fil iacob que
vous oiroiz ci apres comant Judas ses freres le vendi pour

trente pieces dargent autant com iudas li traitours vendi ihū crist

Par molt de choses est senefie ioseph a ihūcrist meismement Par la cote ioseph qui senefie la char ihūcrist que ses pere li avoit fait qui molt lavoir chier dune piece ainsi come on fait les gans de laine par cele cote est senefie la char ihūcrist qui fu de la virge seulement. Et les nos chars sont dome & de fame. ce est de deus pieces:

Li freres ioseph quant il lorent vandu de coupperent sa cote et lan sanglenterent et la porterent lour pere et li firent antendant que tres pesmes bestes la voient devoure.

La cote ioseph ce est la beneoite chars ihucrist qui fu decoupee quant il fu batus en lestache des felons iuis qui deuoient estre si fiere et tres pesmes bestes deuourerent ihucrist ce fu enuie que li felon auoient seur lui. Et ainsi poez veoir que lestoire ioseph qui deuant est pointe est la profecie de leure.

La profecie de la parole ci est que li roys dauid dist que ci apres est point. Li felon forgeront seur mon dos et me demousteront lor felonie. Et fu crucefiez a mor

La profecie de leure seur la crois ce est de ysaac que vous vees ci a pres point qui fu obeissans a son pere iusques a la mort. A la mort fu liures nostre seignor ihucrist pour les felons iuis. Et ausi honteuse mort come de la crois. Car il pandoient alors les larons. ausi come on fait orendroit les larons au fourches. Entre deus larons le firent il pandre en la crois pour faire antendant au pueple que par son messait auoit mort deseruie.

Jheremie dist. O vous qui passez par la voie regardez se il est doldurs qui se preingne a la mort. Nulle dolours ne se prist onques a la soe car se fu cil qui plus ot a soffrir en cest monde et ce li acroisoit ses dolours que il le vee touz poissanz de la mander et tout soffroit paciaument.

La profecie de leuurre fu senefie en egypte par le sanc de languel de quoi len se ingnot les antrees des ostiaux et les fions des gnes ce estoit dune lettre que li iuif apelent thau qui est sain blant a la croiz et ce faisoient li iuif pour ce que li angle nostre seignor ocioient les ainznez des ostiex de ceuz qui ne estoient seingne de cel seing et se nefie que tuit cil qui ne seront seingne dou sing de la croiz et dou sanc ihucrist seront dampne et ce est la profecie de leuitic

La profecie de la parole que dauid dist ou sautier que li filz dieu seroit samblant a un oisel que len apele pellican qui se ocist a pierre ses costes pour auiuer ses poucins

La Roine de sabba vint voir le roi salemon et queuut lou fust de la croiz qui estoit en iherusalem et lou dist a salemon en profetizant et si mere pas dou pueple de isrel qui creoit nostre seignor.

Cayphas qui lors estoit souereinz euesques quant diex fu crucefiez profetiza que il couenut que uns hons morust por le pueple sauuer. et en ore fust il des souerainz enemis ihesu crist. si li fist ihucrist dire la verite.

Abacue li profetes qui ca apres est point profetiza. cil ainz deuant et dist ausi come se il eut veu ihucrist morte et crier en la croiz sire fait il ie oi ta voiz et me espantoi et men esbahi. cil qui ont entendement sen doiuent bien espoanter et esbahir quant les creatures qui nont point dantendement en furent esbahies. Car li solaus en perdi sa clarte et ne vit on nulle goute au droit lore de none par tout le monde. La courone dou temple sen deschira. Les roches des montaingnes en fendirent. La terre sen ouri et geta fors les mors qui furent veu en iherusalem.

En icelle ore auoit en iherusalem vn riche oume qui auoit cent
cheualiers desouz lui. Centurio estoit apeles qui profetiza quant
il vit ces merueilles et dist vraiement ciz estoit vrais fiz dieu

Et fu enceuelis.
La profesie de leuitre de ce quil fu mis ou sepulchre si
est de ionas que vous veez ci pourt qui fu mis ou ventre
de le balaine car autretant come ionas fu ou ventre de la balai
ne tant fu li filz dieu onsepulchre.
La profecie de la parole si dist diex meesmes as iuis qui le re
queroient quil lour feist aucun signe. et il leur dist que
il ne lor donroit autre signe que de ionas le profete et leur dist
car autant com ionas fu ou ventre dou poisson autretant se
roit il ou sepulchre. et entendez seurement que la deite ne mo
rut pas en la crois. mais lumanite quil prist en la virge pour
la nostre humanite deliurer des poines denfer.
La parole sor enfer breise de parole se dist diex a iob lonc tans
auant ce quil venist en terre Job dist diex sauras tu pren
dre le dyable a laing. si come ie ferai. vous saues que quant

li pecheeres veut prendre le poisson a laing il cueuvre lou fer de leche. ⁊ li poissons cuide mangier leche ⁊ li fers lou prent. Or veons que pour prendre le dyable ausi come a laing couvri diex sa deite de nostre humanite et pour ce que dyables cuida que ce fust uns hons si li pourchasa sa mort pour ramplir anfer ⁊ maintenant la deite lou prist la quel descendi en anfer

La profecie des portes danfer que diex Jhesucrist descendi en anfer. brisa et en traist ses amis qui leens estoient poez entendre la profecie de la ueure par Sanson le fort qui ouvri la bouche dou lion a force et en trait braches de miel par les braches qui sont douces et porfitables sont senefie li saint ⁊ li prodome que diex traist danfer. Li quel avaient menee en lor tens viez douces ⁊ porfitables

Por ce profetiza osee li profetes qui dist O mort je serai ta mort et en anfer je mordrai en toi car ausi come cil qui mort en la pome une partie en porte ⁊ lautre lait ausi an porta il danfer les bons ⁊ les maus laissa.

Et autier iour resucita de mort

Au tiers iour vraiement nostre sires resuscita de mort a vie pour tenir couant a ses apostres et a ses deciples de sa resurrection la quele nous deuons croire fermement.

La profecie par euure de la resurrection nostre seignor poez veoir par lou lyon qui resuscite son lioncel au tierz iour

Sa resurrection doit prendre prodome essanple. Car dedans le tiers iour que lanchiet en pechie sen doit on resusciter par lui confesser au plus tost que il puet car molt foux est qui en pechie san dort. et pour ce dient li saint quil nest pas merueille quant prodom chiet. mes ce est merueille quant tost ne se releue. pour lordure lau ou il gist. Que pechiez soit ordure ce tesmoigne li paiens qui dist que se pechiez estoit au moue ne le feroit il pas car trop est vil chose.

La profecie de la parole parla dauid qui en la psone dousil dieu dist ma char resflorira par ta volente.

De sa resurrection vous dirai ie que ie en oi en la prison lou
diemenche apres ce que nous fumes pris et ot on mis en vn
paueillon les riches homes & les cheualiers portanz baniere par eus
Nous oimes .i. grant cri de gent. Nous demandimes ce que estoit &
on nous dist que ce estoient nostre gent que om metoist en vn grant
parc tout clos de mur de terre. ceus qui ne se voloient renoier lan
les ocioit. ceus qui se renioient on les laissoit en icelle grant paour
de mort ou nous estiens. vindrent a nous iusques a .xxij. ou .xiiij.
dou consoil dou soudan trop richement appareillie de dras dor & de
soie & nous firent demander par vn frere de lospital qui sauoit sarra
zinois depar le soudan se nous vorriens estre deliure & nous deime
que oil & ce pooient il bien sauoir & nous distrent se nous donriens
nus des chastiaus dou temple ne de lospital pour nostre deliurance
Et li bons cuens pierres de bretaigne. lour respondi que ce ne
pooit estre pour ce que li chastelain iuroient seur sainz quant om
les i metoit que pour deliurance de cors dome ne les renderoient.
Et il nous demanderent apres. se nous lor donriens nus des chasti
aux que baron tenoient ou reaume de iherusalem pour nostre
deliurance & li cuens de bretaingne dist que nanil que li chastel
ne estoient pas doufie dou roy de france. Qvant il oirent ce
il nous dirent que puis que nous ne uoliens faire ne lun ne
lautre il san iroient & nous amenroient ceus qui meroient a
nous des espees. Et li cuens de bretaigne lor dist que legiere
chose estoit de ocirre celui que on tient en sa prison

Qvant il sen furent ale vne grant foison de ieunes gens sar
rasinz entrerent ou clos la ou le nous tenoit pris

Les espees traites des quiex ie cuidai vraiement quil veulissent por
nous occirre mais non faisoient ancois nous anuoia diex nostre
confort entre aus. car il amenerent. un petit home si viel par sam-
blant come home porist estre et le tenoient par samblant celle ieune
gent pour fol & distrent au conte de bretaigne qui le feissent oir de
que cestoit. uns des plus prodomme de lor loi. & lors sa poia li viex
petit hom sor sa croce et atout sa barbe et ses treces chennes & dist
au conte que il auoit entendu que li crestien creoient un dieu
qui auoit este pris pour aus. batus pour aus. mors pour aus.
et au tierz iour estoit resuscitez. et tout ce li otroia li cuens. & lors
redit li viex hons que donc ne deuez vous mie plaindre se vous
auez este pris pour li. batuz por li. naures por li. Car aussi auoit
il este pour vous. ne encore nauez pas la mort sofferte pour li
aussi come il auoit fait pour vous. & apres nous dist. que si vre
diex auoit eu pooir de lui resusciter. & dont vous auoit il bien
pooir de deliurer quant li plairoit. Et vraiement encore croi ie

que diex le nous anuoia. car il tarda molt pou apres ce quil sen fu ales que li consaus le soudan revint qui nous dist que nous envoissiens quatre de nous parler au Roi. Li quiex nous avoit par la grace que diex li avoit donnee touz seus pourchasie nostre delivrance. et sachiez que voirs estoit. Car ausi sagement lavoit pourchacie li rois par la grace dieu com se il eust tout le conseil de la crestiente avec lui. Il monta es chaux

La profecie de lueure si est le ravissement de helye que vous veez ci desuz point qui monta es ceus par la volante nre seignor. et demoura iusques a la venue antecrist et lors nostre sires lanvoiera por conforter lou pueple par quoi il ne croient en antecrist ne en ses hueures.

La profecie de la parole est de ce que dieu meismes dist a ses apostres quant il lor dist ie monterai amon pere et lou vre et li angles meismes qui desuz est point lour dist. car ausi com il montoit revenroit il au iour dou iugement.

La profecie de lueure de cele iornee que nostre humanite fu as-
sise a la destre dieu le pere fu la cote ioseph que vous veez ci

pointe. La cote ioseph presentee a iacob son pere depecie ⁊ en sanglā
tee. et ausi fu la char ihesucrist a dieu le pere. Et que fist iacob il
desirra la soie cote. ⁊ en icele memoire poons nous dire que diex
li peres re desirra la soie cote. Par la cote nostre seignor poons an-
tendre la loy des iuis. Car ausi com la cote iacob estoit plus pres
de lui que nus de ses autres vestemens ausi estoit lors la loy des iuis
plus pres de nostre seignor que nules des autres loys qui lors fust
Et maintenant que il orent crucefie son fil il les desirra de lui en la
maniere que li hons bien correciez desirre sa cote as. ij. mains.
et si en giete vne piece ca ⁊ autre la par mautalent desirra nostre
sires les iuis tantost lui. Les pieces en a gite par lou monde vne par-
tie ca et autre la par molt dautres pechiez qui furent en la vielz loi
furent nus en chetiuoisons ⁊ ades lor donoit nostre sires terme de
leur deliurance de cent anz en aual. Or a ia. .xil. cc. iiij.^xx ⁊ sept. q̄i

sont en chetivoisons en diverses regions sanz nul terme certain de
leur delivrance. Et pour ce que il na de lor delivrance ne terme ne
mesure por ce pert il bien quil ont pechie outre mesure

Et siet a la destre lou pere tout poissant.

a profecie de la parole dist david mes sires dit a mon seignor sie
toi a mon destre iusques ie mete tes enemis souz ton pie

Or veons donc que se nous conoissiens bien coment nous som-
mes desouz les piez ihucrist et lou grant pooir quil a sor nous
nous ne feriens iamais mal. Mais les besoignes de ce monde ne le
nous laissent pas si bien quenoistre come besoing seroit a nous.
mes a celui iour que il vanra dou ciel por iugier les vis et les mors
Lors conoistrons nous sa grant poissance clerement et apertement
Car il ni aura ia ne saint ne sainte qui ne tramble de paour a la ve-

Cele veue et celle iornee avoit bien iob ou cuer. car encore || . que
fust il li plus grant amis que diex eust a son tens entiere se
doutoit il tant celle iornee quil dist a dieu. Sire ou me respondrai ie
au ior del iugement que ie ne voie sire ta face

Et venra au iour dou iugement. Jugier les mors & les vis.

La profecie de lueure si est le iugement que vous veez ci aps. point que salemons fist des ·ij· fames qui nous senefient la vies loi & la nouuele. Noble chose & honorable & porfitable a en droit iugement. Car salemons dist que iousse & droit iugement plait plus a nostre seignor que offrande ne autre dons. Et pour ce vous en toucherai vn petit. pour enseignier ceus a cui ioustice apartient & disons que lespee qui tranche de ·ij· pars senefie la droite ioustice ce q lespee tranche ausi bien de vos celui qui la tient co deus les autres nous donne a entendre q nous devos faire droite ioustice ausi bie deu ome dautrui & ausi de nos ami co de nos anemis. Et sachiez li pruoses q enci lou feroit seruitumes & dotez dou pueple ausi co la bible dist q sa

lemons fu loez ⁊ toutes tou pueple dou droit iugement quil ot ot fait a deus fames. Je croi on saint espirit ⁊ si croi en sainte eglise.

Au saint esperit devons nous croire. car par lui nous vienent tuit li bien ce est la grace de dieu le tout poissant

La profecie de lueuvre sor le iour de pentecoste si est de helie le profete cui diex envoia le feu dou ciel qui se espandoit sor les sacrefices. ⁊ fu senefiance que diex envoieroit lou saint esperit en samblance de feu le iour de la pentecouste a ses apostres

La profecie de la parole si est de iohel qui dist com cil qui parloit pour dieu le pere. ⁊ dist ie respandrai mon esperit sor mes serians Et ou pardon des pechiez qui nous est fait par les sacremens de sainte eglise.

Nous devons croire. la sainte eglise de rome. ⁊ devons croire es comandemens que li apostoile ⁊ li prelas de sainte eglise. nous font ⁊ faire les penitances que il nous en ioingnent.

Nous deuons croire es qniuns sacremens de sainte eglise q̃ n a apres sout point. ce est a sauoir en baptesme. ou sacrement de lautel. en mariage. ou pardon des pechiez. & es autres saint sacrement que sainte eglise nous ensaigne a croire. & aussi q̃me ie vous ai dit deuant. si fermement i deuons croire. que riens terriene ne nous puisse deseuurer. ne habundance. ne pestilence.

Nostres sires nous a donnes les sacremenz desuz diz par les quies
nous serons Roy corone ou reaume dou ciel. que iamais
ne nous faura et de ce dist dauid et profetiza ausi com se il fust
de la loi crestiene ⁊ dist. a diex sires que te rendrai ie pour
tous les biens que tu mas fait.

La profecie de lueure sor les noueles graces que ie vous ai
touchie si est de iacob cui en amena ses deus filz ioseph por
ce que il lor donast sa beneisson ⁊ li mist om laine deuers sa de
stre main. ⁊ le mainsne deuers la senestre ⁊ li prodome croisa
ses bras ⁊ mist sa main destre sor le moinsne ⁊ la senestre sor
lainzne ⁊ ce fu senefiance ⁊ profecie que diex esteroit sa benei
con de la loi des iuis q̃ ancois fu faite que la nostre. ⁊ metе
roit sa beneicon sor la nostre loi crestienne ⁊ ce apert tout
cler: car il noint ne rois ne euesque en oint ⁊ nous les auõs

Et si croi la resurrection de la char.

En la resurrection de la char devons croire fermement car
autre al sont fors de la foi qui ni croient. car se li mort ne
resusatoient diex ne seroit par an cest androit droituriers. et ce po
ez vous veoir tout cler par les sains et les saintes qui furent dont
li cors soffrirent tant de torment pour la mour de nostre seignor
que se diex ne randoit le guerredon au cors q. ces tormant ont sof
fert malvais servise auroient fait. Et or veons dautre part
lou contraire. cest a savoir dou cors au pecheors. que diex a soffert
ausi con toute leur aise en ce monde. que de prosperites que diex
leur avoit prestees il ont guerroie nostre seignor. Il a ne seroit pas
la balance nostre seignor droite. se li cors de ceus ne resusatoient
pour attandre lou iugemant et la ioutise que diex leur a appa
reillie en anfer. si com il meismes lou tesmoigne de sa bouche et
leur mauls vengera diex seur les armes et seur les cors dous en lau
tre siecle. pour ce que diex ne fist nulle vangence dans en se siecle
bon eure iert la resurrection des mors qui es euvres dieu moront
si com dist saint iehan en la pocalipse
car leur ioies et leur bieneurtez leur
doubleront. ce est a savoir en cors et
en arme. et au malvais desuz dit re
doubleront leur poignes et leur ma
leurtes en cors et en armes

Et a ceus profetize zophonias
que vous veez ci point et dist q
celle iornee iert a aus dure et de misere
et de pleurs et de chaitivetes a ceus encore qui en iront en anfer.

Cest dist saint augustin que vous vezci point. que vaut a lame se il conquiert tout le monde a tort que maintenant li faura z il en conquiert anfer et la mort qui touz iours li durra. Et la vie pardurable amen.

Nous devons croire fermement que li saint z les saintes qui trespasse sont et li prodome et les prodefames qui ores vivent auront vie z ioie pardurable es cieux la sus amont et seront a la table nostre seignor la quele ioie vous verrez point ci apres .i. petit selonc ce que la pocalipse le devise

La profecie de lueure poez veoir ⁊ les .v. sages ⁊ par les .v. fo
les que vous veez ci devant pointes qui senefient les cinc
senz de lome. par les .cinc senz dou preudome entendons nous les
cinc sages virges par les quiex li saint ⁊ li preudome sont senefie
par ce que il gardent leur .cinc. senz ⁊ leur vies netemens et par
ce quil netement les gardent. en cest siecle niert pas lor lumiere es
tainte par pechie. Et pour ce quil verront a tout lor lampes enpri
ses par les quiex nous poons atendre netes viez. la porte de paradis
lor sera ouerte et auerront as noces lou fil dieu qui nous est sene
fiez par laignel et pour ce que lors seront les noces plainnes ⁊ seront
closes les portes de paradis que iamais nus ni antera. ancois di
ra diex a touz les autres ausi come li espouz dist as foles vierges
pour ce queles auoient lor lumieres estaintes lour dist quant
elles hucheront ala porte ie ne vous conois. Je ne vous conois fera

dier a touz les maluais. Ne diex com mal mot. Car ostel ne tro-
ueront ou il se puissent herbergier fors que en anfer seulement. car
tout iert ars ⁊ bruï terre ⁊ mers ⁊ toute autre creature terrienne. fors
que li bon ⁊ li maluais. Et pour ce que lors ne seront que cez .ij. mame-
res de gens. li bon qui ampirer ne porront li maluais qui iamais
namenderont. ne laira diex que .ij. ostiex. dont li uns ce est li dolerex
ostiex danfer dont diex nous gart par sa grace et nous meimes
nous en gardons si ferons que sage. Et li ostiex de paradis ouquel
uous nous trauellons a habiter si ferons plus que sage et diex
le nous otroie par la priere de sa douce mere.

Nous trouons quil fu un preudome en la viele loi qui ot
anon iacob. a cui diex sa parut ⁊ maintenant que iacob le
uit il lambraca et tant le tint enbracie que diex li changa son nō
et li mist non israel et la glose vant autant de iacob com coula-
terres ou luiterres et senefie. que preudome en cest siecle doiuent
estre coulateour ou luteor. tuit preudome se doiuent coulatre
contre le neuu. et contre les maluais deliz de la char. Car par
cheualerie couient cōquerre lou regne des ciex dont iob dist
que la vie dou preudome est cheualerie sor terre. Luiteour doi-
uent estre tuit preudome. Car il doiuent tenir diex a deus bras sauz
partir de lui tant quil lor ait douee lor beneicon ⁊ changie lor
nous ansi cōme il fist iacob. cui il mist nō israel qui vaut autāt
cōme cil qui voit dieu. a ce mot poons antendre que nus nest
seurs en cest monde quil ait la beneicon dieu droitement iusq́
en lautre siecle la ou nous verrons dieu face a face.

E pour ce nous est mestier
que nous tenons . a .ij. bras
dieu touz en nous tant com
nous serons en ceste mortel vie
par quoi li anemis ne se puis-
se metre entre nous ⁊ lui les
.ij. bras de quoi nous devons
dieu tenir enbracie si sont fer-
me foi ⁊ bones hueures . ces .ij.
nous covient ensamble se nous
volons dieu recevoir. car li uns ne vaut riens sanz lautre et ce povez
vous veoir par les dyables qui croient fermement touz les arti-
cles de nostre foi et riens ne leur vaut por ce quil ne font nulles
bonnes euures le contraire povons nous veoir es sarrazins et es bou-
gres parfait qui font molt de grant penances ⁊ riens ne lour
vaut. car il est escrit que cil qui ne croiront seront dampne
Or povons veoir que il covient avoir ensamble ferme foi et
bonnes hueures et pour nous oster ou de lun ou de lautre se
combatent li anemi a nous touz les iours et plus sentravail-
leront a nous au darrien iour quil ne font ore ce est a entendre
au iour de la mort la ou diex ⁊ sa mere ⁊ si saint et ses sain-
tes nous veillent aidier a touz iours darrieins verra li fel qui nous
ne porra tolir les biens que nous avons fait . ⁊ verra que
nul mal ne nous porra faire pour ce que touz li pooir dou
cors nous het faillis lors nous assaura dautre part et se tra-
veillera ⁊ fera son pooir de nous metre en aucune tempta-

tion contre la foi ou en autre maniere par quoi il nous puissent faire meoir en aucune maluaise volante dont diex nous gart et lors sera touz propre li Romans as ymages des poinz de nostre foi. iusques en enz la mort pour ce que li anemis ne u apere par aucune maluaise avisions et devant lou malade facons lire le romant qui devise et enseigne les poinz de nostre foi si que par les eux et les oreilles mete lon lou cuer dou malade si plain de la verraie cognoissance que li anemis ne la nt aillour ne puisse riens metre ou malade dou sien douquel diex nous gart a celle iornee de la mort et aillors.

Devise vous ai au mielz que ie sai coment nous devons tenir dieu en brace. a deus bras ce est asavoir en bras de ferme foi et en bras de bonnes hueuvres. car en grant peril sont cil que li enemis puet esloignier de lui. car diex les menace quil les ferra de son glaive et les menace quil lor traira de ses saietes et de ce nout garde si ami qui a lui sont ioint et qui embracie lou tienent. Or ne le guerpissons pas si ferons que sage et nous ioinnous a lui tant quil nous ait donnee sa beneicon. et tant quil nous ait changie le nom de iacob qui vaut autant come luterres et combaterres a israel qui vaut autant com cil qui voit dieu. Li quiex diex nous gart et nous otroit que nous le puissons veoir face a face a la sauvete des armes et des cors et ce nous puisse il otroier a la priere de sa douce mere. et mon seignor saint michiel et touz sainz et toutes saintes amen.

CREDO
DE JOINVILLE

TEXTE RAPPROCHÉ DU FRANÇAIS MODERNE

PAR

LE CHEVALIER ARTAUD DE MONTOR

TRADUCTION.

Au nom et en l'honneur du Père et du Fils et du Saint-Esprit, vous pouvez voir un Dieu tout-puissant cy-après peint, et les articles de notre foi écrits par lettres et images, autant que l'on peut peindre selon l'humanité de Jésus-Christ, et selon la nôtre; car main d'homme ne peut peindre et la Divinité, et la Trinité, et le Saint-Esprit. C'est une si grande chose, comme saint Paul et les autres Saints le témoignent, que les yeux ne peuvent la voir, les oreilles l'ouïr et la langue la raconter, à cause des péchés et des impuretés dont nous sommes chargés en cette vie, et qui nous empêchent de contempler la clarté souveraine.

Or disons donc que la foi est une vertu qui fait croire fermement ce qu'homme ne croit ni ne sait que par ouï-dire. Ainsi que nous croyons nos pères et nos mères qui disent que nous sommes leurs fils, et cependant nous n'en avons pas d'autre assurance, ainsi nous devons croire, plus fermement que nulle autre chose terrestre, les points et les articles qui nous sont témoignés et enseignés de la bouche du Tout-Puissant, par tous les Saints de l'Ancien et du Nouveau Testament.

Relativement au besoin de croire ce que l'on ne voit pas, le roi Louis (que Dieu absolve) me répéta une haute parole que le comte de Montfort, celui qui fut père de madame de Nesle, avoit dite aux Briois (Albigeois) : ceux du pays accoururent à lui, et lui dirent qu'il allât voir le corps de Notre Seigneur qui étoit venu en chair et en sang : et il leur dit : « Allez le voir, vous qui ne le croyez, car, en droit de moi, je le crois bien dessous le pain et dessous le vin, comme sainte Église me l'enseigne ». Et ils lui demandèrent ce qu'il y perdroit s'il le venoit voir, et il leur dit que s'il le voyoit face à face et alors le croyoit, il n'en auroit pas de guerredon (recompense); et il dit que s'il croyoit ce que Dieu et les Saints lui enseignoient, il attendoit plus grand guerredon et plus grande couronne au ciel, que de toutes autres bonnes œuvres qu'il pouvoit faire en cette mortelle vie.

Or croyons donc que deux choses sont convenables pour nous sauver : c'est à savoir : faire bonnes œuvres et fermement croire.

Pour faire bonnes œuvres, le roi Louis m'apprit que je ne devois faire ni dire chose, que je ne l'osasse bien faire et dire si tout le monde le savoit, et il me dit que cela suffisoit à l'honneur du corps et au salut de l'âme.

« Il faut croire fermement, me dit le roi Louis, car l ennemi s'efforce, autant qu'il peut, de nous éloigner de ferme croyance; » et il m'enseigna (le roi) que quand l'ennemi m'enverroit quelque tentation sur le sacrement de l'autel ou sur quelque autre point de la foi, je devois dire : « Ennemi ne te vaut, parce que jamais, à l'aide de Dieu, tu ne m'éloigneras de la foi chrétienne, quand même tu me ferois tous les membres trancher. » Et le roi me dit que c'étoit là la ferme croyance, laquelle croyance Dieu a de son nom honorée, car de Christ, nous sommes appelés chrétiens; laquelle Dieu a fait prophétiser et témoigner aux créans et aux mécréans (et oncques aucune loi ne fut ainsi), comme il dit en un livre : « Aux Saints, aux sages, aux rois, Dieu fit porter son témoignage, et à gens de diverses lois, comme nul n'en peut douter. »

Vous qui regardez ce présent livre, trouverez le *Credo* en lettres vermeilles, et les prophéties par œuvres et par paroles en lettres noires.

Frère Henri le Tyois (l'Allemand ; en bas latin : *Theotiscus*) qui moult fut grand clerc, dit que nul ne pourroit être sauvé s'il ne savoit son *Credo;* et moi, pour engager les gens à croire ce de quoi ils ne se pouvoient contenter, je fis d'abord faire cette œuvre en Acre après que les frères du roi en furent partis, et avant que le roi allât fortifier la ville de Césarée, en Palestine; et les premières lettres disent :

Je crois en Dieu, le Père tout-puissant, le créateur du ciel et de la terre.

Vous pouvez voir sa grande puissance en la création du monde que vous voyez cy après peinte; car il n'est nul qui pût faire la plus petite de toutes ces créatures : créateur, c'est celui qui fait de rien quelque chose, il n'est nul qui le puisse faire, excepté celui seulement qui fit le ciel et la terre, le soleil et la lune, et tout ce qu'il y a et haut et bas. Nous pouvons voir sa grande puissance par les anges qui sont peints cy après, qu'il précipita du ciel en enfer, et qu'il fit, de si beaux et de si glorieux qu'ils étoient, si laids et si hideux.

Il n'y a aucune prophétie sur cette première page, parce qu'elle traite du commencement du monde que fit celui qui est commencement, et durera sans fin.

Et en Jésus-Christ, son Fils, Notre-Seigneur.

En la seconde page du *Credo* cy après, sont les prophéties de l'avénement du Fils de Dieu; c'est à savoir que trois anges vinrent loger chez Abraham : au milieu d'eux, Abraham connut par la volonté de Dieu, le Fils de Dieu; et comme il sut que c'étoit lui qui devoit racheter des peines de l'enfer, il l'adora.

Moïse le vit et le connut aussi au buisson qui sembloit

ardent, et qui n'*ardoit* pas; et en cela fut signifiée la virginité du corps de la benoite Vierge Marie, là où il descendit pour nous sauver : et ces deux sont les prophéties de l'œuvre et de la toison, aussi là où la rosée du ciel descendoit, de merveilleuse manière, par la volonté de Dieu.

Qui est conçu du Saint-Esprit.

La prophétie de la parole est d'Isaïe le prophète que vous voyez peint cy-après, et qui prophétisa que la Vierge concevroit.

Né de la Vierge Marie.

La prophétie de Daniel le prophète sur la nativité, qui est peinte cy dessus, dit aux Juifs que quand le Saint des Saints viendroit, leur onction *faudroit;* et ce fut vérité, car quand Dieu vint en terre, ils n'avoient ni roi, ni évêques enoints, et n'avoient pour roi que l'empereur de Rome, qui étoit païen et non pas de leur loi ni de leur croyance; ils n'avoient nul évêque enoint, et ceux qui vouloient posséder les évêchés, les achetoient par année.

Qui souffrit sous Ponce Pilate.

Et que souffrit-il, le beau sire! il souffrit d'être vendu, battu, frappé de verges; on lui fit porter sa croix; et de combien de viletés et de vilenies on l'accabla avant qu'il fût crucifié ! Toutes il les endura débonnairement pour l'amour de nous et pour nous délivrer des mains de l'ennemi.

La prophétie de l'œuvre de ce fait fut de Joseph, fils de Jacob. Vous orrez cy après comment Judas, son frère, le vendit pour trente pièces d'argent, autant qu'en reçut Judas le traître, pour vendre Jésus-Christ.

Par beaucoup de choses, Joseph signifie Jésus-Christ ; exactement la robe de Joseph signifie la chair de Jésus-Christ. Son père, qui le chérissoit, lui avoit fait cette robe d'une seule pièce, comme on fait les gants de laine. Par cette robe est signifiée la chair de Jésus-Christ qui vint seulement de la Vierge, mais nos chairs sont d'homme et de femme, c'est-à-dire de deux pièces.

Les frères de Joseph, quand ils l'eurent vendu, découpèrent sa robe, l'ensanglantèrent, la portèrent à leur père, et lui firent entendre que de cruelles bêtes l'avoient dévoré.

La robe de Joseph est la benoite chair de Jésus-Christ qui fut découpée, quand on le battit, sur la demande des félons Juifs qui devoient être ses frères, et ces très-cruelles bêtes dévorèrent Jésus-Christ ; ce fut par la jalousie que les félons concevoient de lui. Ainsi vous pouvez voir que l'histoire de Joseph, qui est ici peinte, est la prophétie de l'œuvre.

La prophétie de la parole est ce que dit le roi David, et qui est peint cy après : « Les félons forgeront sur mon dos, et me démontreront leur félonie. »

Et fut crucifié et mort.

La prophétie de l'œuvre relativement à la croix est d'Isaac, que vous voyez peint cy après, et qui fut obéissant à son père jusqu'à la mort. A la mort fut livré Notre-Seigneur Jésus-Christ par les félons Juifs, et à une aussi honteuse mort que celle de la croix, où ils pendoient alors les larrons. Aussi comme on met à présent les larrons aux fourches, ils le firent pendre sur la croix entre deux larrons, pour faire entendre au peuple que, par son méfait, Jésus-Christ avoit mérité la mort.

Jérémie dit : « O vous qui passez par la voie! regardez s'i est douleur qui se compare à la mienne! » On ne compare donc nulle douleur à celle de Jésus-Christ, et ce fut lui qui eut le plus à souffrir dans ce monde, et ce qui accroissoit sa douleur, c'est qu'il étoit tout-puissant et pouvoit la diminuer; et pourtant il la supportoit patiemment.

La prophétie de l'œuvre fut signifiée en Égypte par le sang de l'agneau; on en marquoit les entrées des maisons et le front des gens avec une lettre que les Juifs appellent *thau*, qui ressemble à la croix; et les Juifs faisoient cela parce que les Anges du Seigneur tuoient les aînés des maisons de ceux qui n'étoient pas marqués de ce seing. Cela signifie que tous ceux qui ne sont pas signés du signe de la croix et du sang de Jésus-Christ seront damnés. Telle est la prophétie de l'œuvre.

La prophétie de la parole est que Dieu dit, au Psautier, que le Fils de Dieu seroit semblant à un oiseau que l'on appelle pélican, qui se tue, et perce ses côtes pour ranimer ses poussins.

La reine de Saba vint voir le roi Salomon, et connut le fût de la croix qui étoit en Jérusalem, et le dit à Salomon en prophétisant; et cependant la reine n'étoit pas du peuple d'Israël qui croyoit en Notre-Seigneur.

Caïphe, qui étoit alors souverain *évêque*, quand Dieu fut crucifié, prophétisa qu'il convenoit qu'un homme mourût pour sauver le peuple; et cependant Caïphe étoit un des souverains ennemis de Jésus-Christ, et Jésus-Christ lui fit dire la vérité.

Habacuc le prophète qui est peint cy après, prophétisa mille ans auparavant, et dit aussi, comme s'il eût vu Jésus-Christ mourir et crier en la croix : « Sire, fait-il, j'entendis « ta voix, et je m'épouvantai, et je m'*ébahis.* » Ceux qui ont entendement s'en doivent épouvanter et *ébahir*, quand les créatures qui n'ont point entendement en furent *ébahies.* Car le soleil en perdit sa clarté, et l'on ne vit goutte précisément à l'heure de None, par tout le monde : la courtine du Temple se déchira, les roches des montagnes se fendirent, la terre s'entr'ouvrit, et jeta dehors les morts qui furent vus en Jérusalem.

Alors il y avoit en Jérusalem un riche homme qui avoit cent chevaliers sous ses ordres; il étoit appelé centurion. Il prophétisa quand il vit ces merveilles, et dit : « Vraiment celui-là étoit le vrai Fils de Dieu. »

Et fut enseveli.

La prophétie de l'œuvre de ce qu'il fut mis au sépulcre est de Jonas que vous voyez ici peint, et qui fut mis au ventre de la baleine. Car autant de temps que Jonas fut au ventre de la baleine, autant de temps le Fils de Dieu fut au sépulcre.

La prophétie de la parole, Dieu la dit lui-même aux Juifs qui le requéroient de leur faire quelque signe. Et il leur dit qu'il ne leur feroit aucun signe que de Jonas le prophète, et, leur dit-il, autant de temps que Jonas fut au ventre de la baleine, autant de temps lui, Jésus, seroit au sépulcre; et entendez sûrement que ce ne fut pas la divinité qui mourut en la croix, mais l'humanité qu'il prit en la Vierge, pour délivrer notre humanité des peines de l'enfer.

Les paroles sur l'enfer brisé, Dieu, longtemps avant qu'il vînt en terre, les dit à Job : « Job, dit Dieu, sauras-tu prendre le diable à l'hameçon, si comme je ferai? » Vous savez que quand le pêcheur veut prendre le poisson à l'hameçon, il couvre le fer des appâts; le poisson croit manger les appâts, le fer le prend. Or, voyons que pour prendre le diable aussi comme à l'hameçon, Dieu couvrit sa divinité de notre humanité, et comme le diable *cuida* que c'étoit un homme, il pourchassa sa mort pour remplir l'enfer; et maintenant la divinité le prit (le diable), et elle descendit en enfer.

Il descendit en enfer.

La prophétie des portes d'enfer que Dieu brisa, et d'où il tira ses amis qui y étoient, vous la pouvez entendre comme prophétie de l'œuvre, par Samson le fort, qui ouvrit par force la bouche du lion, et en tira des rayons de miel. Par ces rayons qui sont choses douces et profitables, seroient signifiés les Saints et les *prodomes* que Dieu tira d'enfer, lesquels avoient mené en leur temps vies douces et profitables.

Pour ce prophétisa Osée le prophète, qui dit : « O Mort! je serai ta mort; et toi, Enfer, je mordrai en toi. » Car, ainsi que celui qui mord en la pomme, en emporte une partie et laisse l'autre, ainsi Dieu emporta d'enfer les bons et laissa les méchants.

Et au troisième jour ressuscita de mort.

Au troisième jour, vraiment, notre sire ressuscita de mort à vie, pour tenir à ses apôtres et à ses disciples sa promesse de la résurrection que nous devons croire fermement.

La prophétie par œuvre de la résurrection de Notre-Seigneur, vous la pouvez voir par le lion qui ressuscite son lioncel, au troisième jour. A sa résurrection, un *prodome* doit prendre exemple, car le troisième jour que l'on tombe en péché, on s'en doit ressusciter le plus tôt qu'on peut. Il est *moult* fou celui qui, en péché, s'endort ; et pour ce, les Saints disent que ce n'est pas merveille que *prodome* faille, mais que c'est merveille, quand il ne se relève pas bientôt de l'ordure où il *gît*. Que le péché soit ordure, ainsi le témoigne le païen qui dit que si le péché étoit aumône, il ne le feroit pas, car il est trop vile chose.

La prophétie de la parole fut révélée par David, qui, en la personne du Fils de Dieu, dit : « Ma chair refleurira par ta volonté. »

De sa résurrection je vous dirai ce que j'en ouïs à la prison, le dimanche après que nous fûmes pris, et qu'on eut mis dans un pavillon les riches hommes et les chevaliers portant bannières également.

Nous *ouïmes* un grand cri de gens ; nous demandâmes ce que c'étoit, et on nous dit que c'étoient nos gens que l'on mettoit en un grand parc clos de murs de terre. Ceux qui ne vouloient pas renier, on les *occioit;* ceux qui renioient, on les laissoit dans cette grande peur de mort où nous étions. Alors vinrent à nous jusques à treize ou quatorze du conseil du soudan, très-richement *appareillés* de draps d'or et de soie, et ils nous firent demander, de par le soudan, par un frère de l'hôpital qui savoit le *sarazinois*, si nous voulions être délivrés, et nous dîmes que *oyl* (oui), et cela pouvoient-ils bien savoir; et ils nous demandèrent si nous donnerions quelques-uns des châteaux du Temple ou de l'Hôpital pour notre délivrance, et le bon comte Pierre de Bretagne leur répondit que cela ne pouvoit pas être, parce qu'on faisoit jurer sur les Saints, par les châtelains, quand on les mettoit dans les châteaux, qu'ils ne les rendroient pas pour délivrance de corps d'hommes. Ils nous demandèrent après si nous leur donnerions pour notre délivrance aucun des châteaux que les barons tenoient au royaume de Jérusalem; et le comte de Bretagne dit que *nenni*, parce que les châteaux n'étoient pas du fief du roi de France. Quand ils ouïrent cela, ils nous dirent que puisque nous ne voulions faire ni l'un ni l'autre, ils s'en iroient, et nous amèneroient ceux qui *joueroient à nous des épées;* et le comte de Bretagne leur dit que facile chose étoit de occire celui qu'on tient en sa prison.

Quand ils s'en furent allés, une grande foison de jeunes gens sarrasins entrèrent au clos où on nous tenoit pris.

Ils avoient les épées à la main. Je *cuidai* vraiment qu'ils venoient nous *occire,* mais ils n'en faisoient rien; au contraire, Dieu nous envoya entre eux notre confort; car ils amenèrent un petit homme aussi vieil par semblant, comme homme puisse l'être, et le tenoient par semblant, ces jeunes gens, pour fou; et ils dirent au comte de Bretagne qu'il le fit entendre, parce que c'étoit un des plus *prodomes* de leur loi. Alors le vieux petit homme s'appuya sur sa béquille (il avoit la barbe et les tresses chenues), et il dit au comte qu'il avoit entendu que les chrétiens croyoient en un Dieu qui avoit été pris pour eux, battu pour eux, mort pour eux, et au troisième jour étoit ressuscité : et tout cela le comte le lui octroya. Et alors redit le vieux homme : « Que donc vous ne devez pas vous plaindre si vous avez été pris pour lui, battus pour lui, navrés pour lui, car ainsi il avoit été pour vous : vous n'avez pas encore souffert la mort pour lui comme il l'a fait pour vous. » Et après, il nous dit « que si notre Dieu avoit eu pouvoir de se ressusciter, et dont il auroit bien pouvoir de nous délivrer quand il lui plairoit. » Et vraiment je crois encore que Dieu nous l'envoya, car peu de temps après qu'il s'en fut allé, le conseil du soudan revint, et nous dit que nous envoyassions quatre de nous parler au roi, lequel, par la grâce que Dieu lui avoit donnée, avoit su pourchasser notre délivrance à tous; et sachez que c'étoit vrai; car aussi sagement le roi l'avoit pourchassée par la grâce de Dieu, que s'il avoit eu avec lui tout le conseil de la chrétienté.

Il monta aux cieux.

La prophétie de l'œuvre est le ravissement d'Élie que vous voyez cy dessus, et qui monta aux cieux par la volonté de Notre-Seigneur, et demeurera jusqu'à la venue de l'antechrist, et alors notre sire l'enverra pour conforter le peuple, pour qu'ils ne croient ni en l'antechrist, ni en ses œuvres.

La prophétie de la parole est ce que Dieu même dit à ses apôtres, quand il leur dit : « Je monterai vers mon Père et le vôtre et celui des anges ; » qui dessus sont peints ; et il leur dit aussi quand il montoit, qu'il reviendroit au jour du jugement.

La prophétie de l'œuvre de cette journée, que notre humanité fut assise à la dextre de Dieu le Père, fut la robe de Joseph que vous voyez cy peinte. La robe de Joseph présentée à Jacob, son père, depecée et ensanglantée ; et aussi fut la chair de Jésus-Christ à Dieu le Père ; et que fit Jacob, il déchira sa robe ! et en icelle mémoire, nous pouvons dire que Dieu le Père se déchira la sienne. Par la robe de Notre-Seigneur, nous pouvons entendre la loi des Juifs ; car aussi comme la robe de Jacob était plus près de lui que nul de ses autres vêtements, ainsi la loi des Juifs étoit alors plus près de Notre-Seigneur que nulle des autres lois qui existoient alors. Et après que les Juifs eurent crucifié son Fils, il les déchira de lui. En la manière que les hommes bien courroucés déchirent leur robe à deux mains, et en jettent une pièce çà et l'autre là ; par *mautalent*, notre sire déchira les Juifs *d'entour de lui*, il en a jeté les pièces de par le monde, une partie çà et l'autre là ; pour moult d'autres péchés qui furent en la vieille loi, les

Juifs furent mis en captivité, et alors notre sire donnait terme de leur délivrance de cent au-delà. Or, il y a de ça mille deux cent *quatre-vingt-sept* ans (or a jà mil CC^{xx}_{IIII} et sept) qu'ils sont en captivité en diverses régions, sans nul terme certain de leur délivrance, et comme il n'y a de leur délivrance ni terme, ni mesure, par cela il appert bien qu'ils ont péché outre mesure.

Et sied à la droite du Père tout-puissant.

La prophétie de la parole que dit David : « Mon sire dit à mon seigneur : Sieds à ma droite jusqu'à ce que je mette tes ennemis sous ton pied. »

Or, nous voyons que si nous connaissions bien comment nous sommes dessous le pied de Jésus-Christ, et quel est le grand pouvoir qu'il a sur nous, nous ne ferions jamais mal : mais les affaires de ce monde ne nous le laissent pas si bien connaître comme besoin seroit à nous. Au jour où il viendra du ciel pour juger les vivants et les morts, alors nous connoîtrons sa grande puissance clairement et apertement, car il n'y aura ni Saint ni Sainte qui ne tremble à sa venue.

Job avoit bien au cœur cette venue et cette journée, car bien qu'il fût le plus grand ami que Dieu eût de son temps sur la terre, cependant il redoutoit tant cette journée, qu'il dit à Dieu : « Sire, où me cacherai-je au jour du jugement, que je ne voie luire ta face ? »

Et viendra au jour du jugement juger les morts et les vivants.

La prophétie de l'œuvre est le jugement que vous voyez cy après peint, que Salomon fit des deux femmes qui vous signifient la vieille loi et la nouvelle. Un droit jugement est noble chose, et honorable et profitable ; car Salomon dit que justice et droit jugement plaisent plus à Notre-Seigneur qu'une offrande ou autre don : et pour cela je vous en toucherai *un petit*, pour enseigner ceux à qui justice appartient, et nous disons que l'épée qui tranche de deux parts signifie la droite justice. Ce que l'épée tranche aussi bien devers celui qui la tient comme devers les autres, nous donne à entendre que nous devons faire droite justice, aussi bien de nous comme d'autrui, et aussi de nos amis comme de nos ennemis ; et sachez, princes, que si ainsi vous faites, vous serez aimés et redoutés du peuple, comme la Bible dit que Salomon fut loué et redouté du peuple, à cause du droit jugement qu'il fit aux deux femmes.

Je crois au Saint-Esprit, et aussi crois en sainte Église.

Au Saint-Esprit nous devons croire, car par lui nous

viennent tous les biens, c'est-à-dire la grâce du Tout-Puissant.

La prophétie de l'œuvre sur le jour de Pentecôte est d'Élie le prophète, à qui Dieu envoya le feu du ciel qui se répandoit sur les sacrifices; ce fut *signifiance* que Dieu enverroit le Saint-Esprit à ses apôtres, en semblant de feu, le jour de la Pentecôte.

La prophétie de la parole est de Joël, qui dit comme celui qui parloit pour Dieu le Père, et dit : « Je répandrai mon esprit sur mes serviteurs. »

Et au pardon des péchés qui nous est fait par les sacrements de sainte Église.

Nous devons croire la sainte Église de Rome; nous devons croire aux commandements que les apôtres et les prélats de sainte Église nous adressent, et accomplir les pénitences qu'ils nous enjoignent.

Nous devons croire aux communs sacrements de sainte Église qui, cy après, sont peints; c'est à savoir au baptême, au sacrement de l'autel, au mariage, au pardon des péchés, et aux autres saints sacrements que sainte Église nous commande de croire; et aussi comme je vous ai dit devant, si fermement nous y devons croire que rien de terrestre ni d'avantageux ne puisse nous en dégager, ni abondance, ni pestilence.

Notre sire nous a donné les sacrements dessus dits, par lesquels nous serons rois couronnés au royaume du ciel, ce qui jamais ne nous *faudra;* et de cela, David dit et prophétisa comme s'il eût été de la loi chrétienne, et il dit : « Dieu, sire, que te rendrai-je pour tous les biens que tu m'as faits? »

La prophétie de l'œuvre sur les nouvelles grâces est de Jacob, à qui on amena ses deux fils, pour qu'il leur donnât sa bénédiction. On plaça l'aîné devers la main droite de Jacob, et le puîné devers la gauche : le prodome croisa ses bras, et mit sa main droite sur le puîné, et la gauche sur l'aîné, et ce fut signifiance et prophétie que Dieu ôteroit sa bénédiction de la loi des Juifs qui fut faite avant la nôtre et mettroit sa bénédiction sur notre loi chrétienne; et cela appert tout clair, car ils n'ont ni rois ni évêques enoints, et nous les avons.

Et aussi je crois la résurrection de la chair.

En la résurrection de la chair nous devons croire fermement, car tous ceux-là qui n'y croient sont *fors* (hors) de la foi. Si les morts ne ressuscitoient, Dieu ne seroit pas en cet endroit *droicturier.* Et cela vous le pouvez voir tout clair par les saints et les saintes qui furent, dont les corps souffrirent tant de tourments pour l'amour de Notre-Seigneur, que si Dieu ne rendoit le *guerredon* aux corps qui ont souffert ces tourments, ces corps auront fait *mauvais service.* Actuellement revoyons d'autre part le contraire ; c'est-à-dire du corps des pécheurs que Dieu a soufferts tout *à leur aise* en ce monde. Que de prospérités Dieu leur avoit prêtées ! et ils ont *guerroyé* contre Notre-Seigneur. Là, la balance de Notre-Seigneur ne seroit pas droite, si les corps de ces pécheurs ne ressuscitoient pas pour attendre le jugement, et la justice que Dieu leur a *appareillée* en enfer ; mais comme il le témoigne de sa bouche, Dieu punira leurs méchancetés sur leurs âmes et sur leurs corps dans l'autre siècle, parce que Dieu ne fit aucune vengeance d'eux en ce siècle. C'est donc un bonheur que la résurrection des morts qui mourront dans les œuvres de Dieu, comme dit saint Jean en l'Apocalypse, car leurs joies et leurs *bienheuretés* leur doubleront en corps et en âmes, et aux mauvais, dessus dits, redoubleront les peines et les *malheuretés* en corps et en âmes.

Et à ceux-ci prophétise Sophonias que vous voyez peint cy après : il dit que cette journée sera pour eux dure et de misère et de pleurs, et encore de captivité à ceux qui iront en enfer.

Et, dit saint Augustin, que vous voyez peint cy après : « Que vaut à l'homme, s'il conquiert le monde à tort, que maintenant il lui faudra conquérir enfer et la mort qui toujours lui durera ? »

Et en la vie perdurable. Amen.

Nous devons croire fermement que les saints et les saintes qui sont trépassés, et les *prodomes* et les *prodefames* qui vivent actuellement, auront vie et joie perdurable ès cieux, là sus amont, et seront à la table de Notre-Seigneur, laquelle joie vous verrez peinte cy après *un petit*, selon que l'Apocalypse le devise.

Vous pouvez voir la prophétie de l'œuvre par les cinq sages, et les cinq folles que vous voyez cy devant peintes, qui signifient les cinq sens de l'homme. Par les cinq sens du *preudome*, nous entendons les cinq sages vierges, par lesquelles les saints et les preudomes sont signifiés, parce qu'ils gardent leurs cinq sens et leurs vies nettement ; et parce qu'ils les gardent nettement en ce siècle, leur lumière n'est pas éteinte par péché ; et parce qu'ils verront toujours leurs lampes allumées, ce qui nous peut faire entendre nette vie, la porte du paradis leur sera ouverte, et ils entreront aux noces du Fils de Dieu, ce qui nous est signifié par l'agneau : et alors seront les noces pleines, et seront closes les portes du paradis, où jamais nul n'entrera. Au contraire Dieu dira à tous les autres, aussi comme les époux disent aux vierges folles, parce qu'elles avoient leurs lumières éteintes, il leur dira, quand elles *hucheront* à la porte : « Je ne vous connois. » « Je ne vous connois, » fera Dieu à tous les mauvais. Hé Dieu, comme ce mot est cruel ! car ils ne trouveront hostel où ils se puissent héberger, *fors* qu'en enfer seulement : car tout est *ars* et brûlé, terre et mers, et toute autre créature terrienne, *fors* que les bons et les mauvais. Alors il n'y aura que ces deux manières de gens, les bons qui ne pourront empirer, les mauvais qui jamais n'amenderont. Dieu ne laissera que deux *ostiaux* (hôtels) : l'un sera la douloureuse porte d'enfer, dont Dieu nous garde par sa grâce, et si nous-mêmes nous nous en gardons, nous ferons sagement ; l'autre, la porte du paradis ; si nous travaillons à l'habiter, nous ferons plus sagement, et que Dieu nous l'octroie par la prière de sa douce mère !

Nous trouvons qu'il fut un preudome en la vieille loi qui avoit nom Jacob, à qui Dieu apparut. Du moment que Jacob le vit, il l'embrassa, et tant le tint embrassé, que Dieu lui changea son nom, et lui mit nom Israël ; et la glose de Jacob vaut autant comme *combattant, lutteur*, et signifie que les prudomes, en ce siècle, doivent être combattants ou lutteurs ; tout preudome doit combattre contre l'ennemi et contre les mauvais délits de la chair. Car, *par chevalerie* doit être conquis le royaume des cieux : c'est pourquoi Job dit que la vie du preudome est *chevalerie* sur la terre. Tous preudomes doivent être lutteurs, ils doivent tenir Dieu à deux bras, sans partir de lui, jusqu'à ce qu'il leur ait donné la bénédiction, et changé leur nom, ainsi qu'il fit à Jacob, à qui il mit nom Israël, qui veut dire *celui qui voit Dieu.*

A ce mot, nous pouvons entendre que nul n'est sûr d'avoir bénédiction de Dieu, parfaitement, jusqu'en l'autre siècle, là où nous verrons Dieu face à face.

Et, pour cela, il faut que nous tenions à deux bras Dieu joint en nous, tant que nous serons en cette mortelle vie, afin que les ennemis ne puissent se mettre entre lui et nous. Les deux bras dont nous devons tenir Dieu embrassé, sont ferme foi et bonnes œuvres. L'une et les autres réunies sont nécessaires, si nous voulons retenir Dieu ; car les unes ne valent rien sans l'autre. Cela vous pouvez le voir par les diables qui croient fermement tous les articles de notre foi, et rien ne leur vaut, parce qu'ils ne font aucunes bonnes œuvres : nous pouvons voir le contraire dans les Sarrasins et dans les *Bougres* (1) qui, par le fait, accomplissent de grandes pénitences, et rien ne leur vaut, car il est écrit que ceux qui ne croiront pas, seront damnés.

Or, vous pouvez voir qu'il convient d'avoir ensemble ferme foi et bonnes œuvres ; pour nous ôter de l'une ou des autres, les ennemis nous combattent tous les jours, et ils nous attaqueront encore plus qu'ils ne font maintenant, au dernier jour, c'est-à-dire au jour de la mort, dans lequel

(1) L'expression qu'emploie ici Joinville est bannie à jamais de notre langage. Par force, il a fallu la respecter dans le *fac-similé* du manuscrit. Du reste, l'auteur entend par ce mot, qui était alors en usage dans le récit de l'histoire, les *hérétiques*, dont la secte, la plus fameuse de son temps, avait pris son nom des Bulgares, chez lesquels elle était née. (*Note du trad.*)

Dieu et sa mère, et les Saints et les Saintes nous veuillent aider. Au jour dernier, le félon verra qu'il ne peut nous enlever les biens que nous aurons faits, il verra qu'il ne pourra nous faire du mal, parce que tout le pouvoir du corps nous aura failli. Alors il nous assaillira d'autre part, et se travaillera et fera son pouvoir pour nous mettre en quelque tentation contre la foi, ou en autre manière, afin de nous faire mourir en quelque mauvaise volonté dont Dieu nous garde. Et alors seront convenables les livres aux images des points de notre foi, jusqu'au moment de la mort. Et pour que l'ennemi *n'opère* aucune *avision* devant le malade, faisons lire le livre (*le romant*) qui divise et enseigne les points de notre foi, de manière que par les yeux et par les oreilles, on mette le cœur du malade si plein de la vraie connoissance, que l'ennemi, ni là, ni ailleurs, ne puisse mettre au malade rien du sien, duquel Dieu nous garde à cette journée de la mort, et ailleurs.

Je vous ai devisé au mieux que je sais, comment nous devons tenir Dieu embrassé à deux bras, c'est à savoir : en bras de ferme foi, et en bras de bonnes œuvres. Car ils sont en grand péril ceux que l'ennemi peut éloigner de lui. Dieu menace de les *férir* de son glaive, et les menace de les frapper de ses *sagettes* (flèches), dont n'ont rien à craindre les amis qui à lui sont joints, et qui le tiennent embrassé. Or, ne l'abandonnons pas, et nous ferons sagement, et joignons-nous à lui jusqu'à ce qu'il nous ait donné sa bénédiction, et qu'il nous ait changé le nom de Jacob, qui veut dire *lutteur* ou *combattant*, ou celui d'Israël qui veut dire *celui qui voit Dieu.* Lequel Dieu nous garde, et nous octroie de le voir face à face à la sauveté des âmes et des corps, et cela puisse-t-il nous octroyer à la prière de sa douce mère, de monseigneur saint Michel, de tous les Saints et de toutes les Saintes. Amen.

www.ingramcontent.com/pod-product-compliance
Ingram Content Group UK Ltd.
Pitfield, Milton Keynes, MK11 3LW, UK
UKHW031930260826
14628UKWH00004B/1524

9 782011 783615